7
Lk. 1916.

DIOCÈSE DE CHARTRES.

PROGRAMME
DES FÊTES

QUI SERONT CÉLÉBRÉES A L'OCCASION DU

JUBILÉ DE NOTRE-DAME DE CHARTRES,

DE LA

Restauration de l'antique Chapelle de la Crypte,

DE LA

PROMULGATION DU DOGME DE L'IMMACULÉE CONCEPTION,

et du

Couronnement solennel de la Statue miraculeuse de Notre-Dame de Chartres
Au nom de Sa Sainteté le Pape PIE IX.

DEUXIÈME ÉDITION.

CHARTRES.
GARNIER, IMPRIMEUR-LIBRAIRE DE Mgr L'ÉVÊQUE,
Place des Halles, 16 et 17.

1855.

CHARTRES

VILLE DE LA VIERGE.

L'église de Chartres est, sans contredit, la plus ancienne qui ait été consacrée à la mère de Dieu. Chartres, disait le pieux fondateur de la congrégation de Saint-Sulpice, *Chartres, cette sainte et dévote église, première dévotion du monde, puisqu'elle a été érigée par prophétie.* Le roi Charles VII, dans une ordonnance de 1432, s'exprime à peu près dans les mêmes termes. On sait en effet que, même avant la naissance du christianisme, l'emplacement actuel de la cathédrale de Chartres était un lieu de réunion pour les Druides qui, éclairés par une révélation primitive répandue dans tout l'univers, avaient élevé un autel et une statue à la Vierge qui devait enfanter, *Virgini pariturœ* (1) ; telle est l'origine de ce lieu de pélerinage devenu depuis si célèbre, et par sa cathédrale, qui est, selon l'expression d'un savant archéologue, le plus glorieux chef-d'œuvre de l'architecture catholique, et par l'affluence des pèlerins qui s'y rendaient autrefois de tous les points du monde, et par la brillante renommée de son clergé et de ses écoles. *Li clerc Nostre-Dame de Chartres,* disait-on proverbialement au XIVᵉ siècle, lorsqu'on voulait parler d'un clergé réunissant à la fois

(1) Manuel des Pélerins à N.-D. de Chartres, par l'abbé Bulteau.

les distinctions du mérite, de la fortune, et célébrant avec magnificence les cérémonies du culte (1).

Aussi la ville de Chartres est-elle par excellence la *ville de la Vierge,* comme l'appellent souvent les anciens auteurs, et c'est à sa dévotion envers la mère de Dieu qu'elle a dû non seulement sa magnifique église, mais encore sa célébrité, ses privilèges et plusieurs fois sa conservation. Les habitants de Chartres peuvent donc s'appliquer spécialement ces paroles de l'illustre apôtre de la 2e croisade, qui vint autrefois prêcher dans leurs murs : *Dieu a voulu que nous ayons tout par Marie.* Nulle part ailleurs la mère de Dieu et des hommes n'a tant multiplié ses miracles, ses faveurs et ses grâces. Et ce n'est pas seulement sur sa cité chérie qu'elle a fait éclater les effets de sa miséricorde : la France, on l'a trop oublié depuis un siècle, la France a plus d'une fois éprouvé la protection efficace de Notre-Dame de Chartres. Dans une charmante notice sur un des sanctuaires pieux de la cité chartraine, Mgr l'évêque de Poitiers, après avoir dit que le sacre de Henri IV avait eu lieu dans la cathédrale de Chartres, ajoute ces remarquables paroles : « Le protestantisme, qui s'était flatté d'envahir le royaume et de monter sur le trône, venait ainsi se briser aux pieds de la Vierge de Chartres, comme le paganisme y avait expiré par la défaite des Normands et la conversion d'Hasting et de Rollon ; comme y avait échoué encore, par suite du miracle et du traité de Brétigny, l'invasion des Anglais qui nous eussent infailliblement doté, deux siècles plus tard, de leur schisme et de leur hérésie, malheur plus déplorable encore que la perte de notre nationalité. Ainsi se

---

(1) Histoire de Chartres, par M. de Lépinois.

dissipèrent à nos portes toutes les calamités qui menaçaient la foi de la France. »

Les souverains qui ont successivement gouverné la France ne l'ont jamais ignoré, du moins jusqu'au milieu du dernier siècle ; ils savaient que dans son sanctuaire de Chartres plus que partout ailleurs, Marie écoutait favorablement leurs vœux et leurs prières. C'est ce qui nous explique comment ces religieux monarques s'empressaient de s'y rendre en pélerinage, comment ils venaient placer sous la protection de N.-D. de Chartres, leur royaume et leur personne, la remercier du succès de leurs armes, lui offrir des trophées après leurs victoires. Les plus illustres d'entre eux ont aussi été les plus dévoués à l'auguste patronne de cette église.

De la France la dévotion à N.-D. de Chartres s'était répandue dans toute l'Europe et jusque dans les forêts du nouveau continent. L'histoire nous apprend que tous les princes chrétiens du Moyen-Age voulurent contribuer par de riches offrandes à l'érection de sa magnifique cathédrale, et depuis cette époque, la Vierge-Noire a vu souvent des souverains étrangers s'agenouiller au pied de la colonne sur laquelle elle repose, ou dans le mystérieux sanctuaire de sa crypte vénérable. En échange des bénédictions abondantes qu'ils emportaient pour eux et pour leurs peuples, ils laissaient une partie de leurs trésors pour orner le sanctuaire de leur fidèle protectrice. Aussi la cathédrale de Chartres, aujourd'hui si pauvre et si dénuée de ressources, était-elle une des plus riches de l'univers.

Comme nous l'avons dit, la dévotion envers N.-D. de Chartres pénétra aussi dans le nouveau monde. Grâce, sans doute, à la piété insigne des prêtres de Saint-Sulpice qui possédaient un établissement dans l'Amérique du Nord, N.-D. de Chartres reçut un culte particulier dans ces contrées lointaines, et l'on vit à la fin du XVIIe siècle les Hurons et les Abnaquins envoyer en présent à N.-D. de Chartres deux ceintures de grains de porcelaine que l'on conserve encore dans cette église.

Si N.-D. de Chartres a tant fait déjà pour la France, et par là même pour le monde, puisque la France est la fille aînée de l'Eglise et l'instrument ordinaire des desseins de Dieu sur les peuples, *Gesta Dei per Francos*, que ne devons-nous pas attendre d'elle à l'époque de son jubilé, mais surtout dans ce jour mémorable où, couronnée solennellement au nom du chef suprême de l'Eglise et aux applaudissements du monde entier, elle prendra de nouveau possession de son antique et royale demeure (1)? Oui, que la France, que tout l'univers catholique s'adresse en ce moment avec confiance à N.-D. de Chartres. N.-D. de Chartres, en défendant sa ville chérie, a mérité de son peuple le titre de N.-D. de la Brèche; elle a reçu d'un de nos rois, après une célèbre bataille, le surnom de N.-D. de la Victoire. A ces titres glorieux qu'elle peut mériter encore, puissions-nous bientôt en ajouter un autre et la saluer du nom plus doux de N.-D. de la Paix! Que tous les cœurs catholiques reprennent envers N.-D. de Chartres les sentiments de foi et d'amour que lui ont voués nos pères; que tous la prient avec ardeur, et le 31 mai, qui sera pour elle un jour de gloire, deviendra, nous l'espérons, un jour de triomphe pour la France, un jour de salut et de bonheur pour le monde.

---

(1) Le jour même du couronnement de N.-D. de Chartres, le célèbre sanctuaire de la crypte, profané par la révolution de 1793, sera rendu à la dévotion des peuples.

PROGRAMME
DES FÊTES

QUI SERONT CÉLÉBRÉES

A l'occasion du Jubilé de Notre-Dame de Chartres, de la Restauration de l'antique Chapelle de la Crypte, de la Promulgation du Dogme de l'Immaculée Conception et du Couronnement solennel de la Statue miraculeuse de Notre-Dame de Chartres au nom de Sa Sainteté le Pape Pie IX.

PREMIÈRE PARTIE.

Exercices du Jubilé.

I.

Le grand Jubilé de Notre-Dame de Chartres, accordé par un bref spécial de Notre Saint-Père le Pape Pie IX s'ouvre, pour la ville, le Mercredi 16 Mai, et sera clos le 31 du même mois par la solennité du Couronnement de la Vierge miraculeuse, au nom du Souverain Pontife.

II.

Le 16 Mai, de sept heures un quart à huit heures moins un quart, toutes les cloches des paroisses et des communautés annonceront cette ouverture ; et Monseigneur viendra pontificalement entonner le *Veni Creator*, qui sera ensuite exécuté en musique ainsi que tous les chants du Jubilé par le chœur du Chapitre de la Cathédrale.

Monseigneur, après le discours d'ouverture du R. P. Carboy, donnera la Bénédiction du Saint-Sacrement.

III.

Pendant toute la quinzaine du Jubilé, Mgr l'Evêque de Chartres dira le matin, à sept heures et demie, une Messe basse à la Cathédrale; des chants seront exécutés pendant cette Messe. Le soir, à huit heures moins un quart, Sermon par le R. P. Carboy, suivi de la Bénédiction du Saint-Sacrement.

IV.

Les conditions pour gagner le Jubilé sont : 1° d'assister au moins à cinq instructions; 2° de recevoir dignement les Sacrements de Pénitence et d'Eucharistie; 3° de visiter l'Église désignée par Mgr l'évêque de Chartres; 4° de présenter une offrande en l'honneur de Notre-Dame.

V.

Le Dimanche 27 Mai, saint jour de la Pentecôte, Communion générale.

VI.

Le Mercredi 30 Mai, à sept heures du matin, Consécration de l'autel de l'église souterraine de Notre-Dame, dont une partie est rendue au culte par les soins de Mgr l'évêque de Chartres et les offrandes des Fidèles de son Diocèse.

Le lendemain Sa Grandeur célébrera la sainte Messe à l'autel de la crypte à sept heures et demie du matin, et adressera aux assistants une courte allocution.

DEUXIÈME PARTIE.

Fête du Couronnement de Notre-Dame de Chartres.

Promulgation de la bulle portant définition de la Conception immaculée de la très-sainte Vierge.

Le Mercredi 30 Mai, à sept heures et demie du soir, et le Jeudi 31, à cinq heures et demie du matin, toutes les cloches des paroisses et des communautés annonceront la Fête du Couronnement de Notre-Dame de Chartres.

A dix heures moins un quart, le clergé de la cathédrale et de la ville se rendra processionnellement au palais épiscopal pour aller au devant de LL. EE. les Cardinaux et de NN. SS. les Archevêques et Evêques réunis dans la chapelle de l'Evêché. De là le cortége s'avancera vers la Cathédrale et ira directement au sanctuaire de Notre-Dame-du-Pilier.

Au chant du *Regina cœli*, les couronnes de la Vierge et de l'Enfant-Jésus seront portées avec cérémonie sur l'estrade élevée dans la grande nef. A dix heures la messe commencera et sera célébrée solennellement par l'un des prélats présents. Après l'Evangile, discours prononcé par Mgr l'évêque de Poitiers ; le discours terminé, Mgr l'évêque de Chartres ira s'agenouiller aux pieds de la Vierge et prononcera l'acte de consécration. Un archidiacre donnera lecture des lettres apostoliques de Sa Sainteté le Pape Pie IX, qui délègue spécialement pour le couronnement de Notre-Dame, Mgr l'évêque de Chartres. Alors le Prélat proclamant de nouveau que la bulle *Ineffabilis* touchant la doctrine de l'Immaculée-Conception a été et est publiée dans son diocèse, bénira les couronnes et procédera à la cérémonie du couronnement selon les prescriptions du cérémonial romain. On entonnera aussitôt le *Credo*, les Cardinaux et les Evêques viendront successivement encenser la Vierge couronnée, qui sera élevée sur le trône qui lui est réservé.

La messe sera chantée en musique; l'orgue sera tenu par le célèbre Simon, organiste de la basilique de Saint-Denis.

Après la messe, LL. EE. les Cardinaux et NN. SS. les Evêques seront reconduits processionnellement à l'Evêché dans l'ordre ci-dessus indiqué.

TROISIÈME PARTIE.

Procession.

§ Ier.

Ordre général.

A deux heures et demie précises, rendez-vous du Clergé au chœur de la Cathédrale. Au signal donné on ira processionnellement à l'évêché. Au retour, vêpres solennelles de la Vierge pendant lesquelles s'organisera la procession qui devra parcourir l'itinéraire suivant :

Cloître Notre-Dame,
Rue du Cheval-Blanc,
Place Châtelet,
Boulevard des Charbonniers,
Porte Drouaise,
Rue de la Brèche,
Rue de la Corroierie,
Rue du Bourg,

Rue de la Foulerie,
Pont Saint-Hilaire,
Place Saint-Pierre,
Rue Saint-Père,
Rue Porte-Cendreuse,
Rue des Grenets,
Place Saint-Michel,
Boulevard Saint-Michel,
Rue Regnier,
Place des Halles,
Rue de la Tonnellerie,
Rue du Bois-Merrain,
Rue du Grand-Cerf,
Rue du Cygne,
Place Marceau,
Rue de la Pie,
Rue des Changes,
Place Billard,
Cloître Notre-Dame,

Immédiatement après le *Benedicamus Domino* des Vêpres et la bénédiction épiscopale donnée simultanément par les Prélats, le chœur entonnera les litanies de la sainte Vierge : on en chantera les invocations à d'assez longs intervalles, alternant avec une musique militaire.

L'Hymne *Omni Die* sera alternée de la même manière.

On attend de la piété des habitants de Chartres, que sur tout le parcours de la Procession les maisons seront ornées de tentures, draperies, guirlandes de fleurs et de feuillage, reposoirs et arcs de triomphes, etc. — Le soir, chacun manifestera sa joie en illuminant sa maison en l'honneur de Notre-Dame.

Au haut de la rue Saint-Père un reposoir sera dressé

pour y placer un instant la statue de Notre-Dame. Pendant cet intervalle on chantera le *Salve Regina*, avec le Verset et l'Oraison, puis l'on se remettra en marche en alternant comme plus haut le *Magnificat* en faux-bourdon avec la musique.

Des places seront réservées à toutes les autorités présentes, tant à la cérémonie du matin qu'à celle du soir.

§ II.

Dispositions particulières observées pendant la procession, soit par le Clergé soit par les différents corps qui prendront part à cette solennité.

La Procession sera divisée en quatre sections, savoir : 1° Députations des paroisses du Diocèse ; — 2° Vieillards, orphelins, orphelines des hospices et autres établissements ; — 3° Paroisses de la ville ; — 4° Clergé, Chapitre et cortège d'honneur de la statue miraculeuse de Notre-Dame de Chartres.

PREMIÈRE SECTION.

Quatre trompettes et huit chasseurs à cheval ouvrent la marche.

A leur suite flotte un grand étendard bleu-azur sur lequel se détache en lettres d'argent l'inscription : *Chartres, ville de la Vierge.*

Députations des paroisses du Diocèse.

Elles sont classées par archidiaconés et par doyennés, et gardent dans la Procession le rang qui leur est assigné dans le Bref diocésain.

Chaque paroisse est représentée par une ou plusieurs bannières suivies d'un groupe de jeunes personnes vêtues de blanc et portant à la main ou sur un coussinet une couronne de fleurs, symbole de leur amour pour Marie.

DEUXIÈME SECTION.

Députation des hospices et autres établissements religieux.

Suisse, croix, acolytes.

Les orphelins et les orphelines de Josaphat avec leur bannière.

Les femmes de l'hospice.

Les orphelins de Saint-Brice, précédés d'un guidon au chiffre de Marie avec la légende : *Monstra te esse matrem.*

Les vieillards du même établissement.

Les orphelines avec leur bannière de Notre-Dame des Sept-Douleurs.

Une députation des vieillards de l'hospice, avec leur bannière de saint Martin.

Les orphelines de la Providence. Elles portent dans leurs rangs un guidon en l'honneur de sainte Soline, jeune vierge et martyre de Chartres.

TROISIÈME SECTION.

Les trois paroisses de Chartres.

Musique de la ville en tête des trois paroisses.

Gracieux labarum bleu et blanc avec la légende : *A Marie, Dame de Chartres.*

I.

PAROISSE SAINT-AIGNAN.

Suisse, croix, acolytes.
Bannière de la sainte Vierge.
Députation de jeunes filles de la Sainte-Enfance portant des oriflammes.
Demoiselles de la Confrérie.
Chœur de cantiques de la paroisse.
Les élèves du collége portant une oriflamme en l'honneur de la Vierge immaculée, sur laquelle on lit avec plaisir l'inscription suivante : *Immaculatæ. Virgini. Deiparæ. piè. devotum. Collegium. Carnotense. XXXI. Maii. MDCCCLV.*
Châsse de saint Aignan, évêque de Chartres, entourée de quatre guidons explicatifs.

II.

PAROISSE SAINT-PIERRE.

Suisse, croix, acolytes.
Bannière de saint Joseph offerte par les élèves de la Sainte-Famille.
Jeunes apprentis de l'œuvre de Saint-Joseph; ils portent la statue de leur patron.
Bannière de la sainte Vierge, suivie de jeunes personnes de la Persévérence et de la confrérie.
Membres de la société de Saint-François-Xavier, précédés d'un joli guidon au chiffre de leur patron.
Châsse de saint Pierre portée par quatre clercs en habit de chœur.

III.

PAROISSE NOTRE-DAME.

Suisse, croix, acolytes.

Députation des jeunes filles de l'œuvre de la Sainte-Enfance avec leur bannière. Elles ont toutes alternativement à la main ou un bouquet de fleurs blanches ou une oriflamme de soie azurée.

Au milieu de leurs rangs, figurent neuf guidons en l'honneur des neuf Chœurs des Anges, escortés par un groupe de neuf vierges couronnées de roses et portant des corbeilles de fleurs.

Députation des jeunes garçons de l'œuvre de la Sainte-Enfance avec leur bannière. Ils portent tous des oriflammes de soie rose au chiffre de Jésus, ou des inscriptions rappelant l'origine, le but et les progrès de l'œuvre. Les glands sont tenus par des enfants des premières familles de la ville.

Au milieu des rangs, groupe d'anges portant des corbeilles de fleurs et formant la croix.

Guidons aux noms des principaux patrons de l'association : la Sainte Vierge, saint Joseph, les bons Anges gardiens, saint François Xavier, saint Vincent de Paul.

Jeunes filles de l'OEuvre du Patronage dirigées par les sœurs de la Charité. Elles ont à la main des oriflammes de soie jaune et suivent un joli guidon sur lequel on lit : *Sainte Anne, mère de la Mère de Dieu, veillez sur nous.*

Les plus jeunes portent sur un brancard une portion du chef de sainte Anne renfermée dans une châsse gothique garnie de fleurs. Plusieurs dates et inscriptions historiques accompagnent cette insigne relique.

Catéchisme de Persévérance des garçons avec un labarum de drap d'or en l'honneur de saint Jean-Baptiste, second patron de la Cathédrale. Ils portent des oriflammes de soie verte.

Au milieu de leurs rangs figurent sept guidons aux noms des sept Sacrements.

Riche bannière de Notre-Dame de la Brèche en drap d'argent, escortée de guidons rappelant les quatre dates les plus glorieuses pour son sanctuaire; savoir :

Levée du siége de Chartres, 15 mars 1568; — Institution de la procession commémorative, 15 mars 1569; — Restauration de la chapelle, 15 mars 1842; — Préconisation de Mgr Regnault, 15 mars 1852.

Jeunes filles de la Maison Notre-Dame de Chartres. — Elles portent le guidon de sainte Modeste, jeune vierge de Chartres, martyrisée dans la crypte et jetée dans le puits des Saints-Forts par ordre de son père Quirinus, gouverneur de la ville.

Dames poissonnières avec la bannière de saint Clair, leur patron.

Musique des élèves des Frères de la Doctrine chrétienne.

Jeunes apprentis de l'OEuvre du Patronage de Notre-Dame. — Ils suivent la bannière de Saint-Piat et portent dans leurs rangs les guidons et les emblêmes des sept dons du Saint-Esprit.

Députation des principales confréries et corps de métiers, entre autres les cultivateurs et vignerons de la confrérie de Saint-Vincent. Ils portent dans une riche châsse de bois d'ébène garnie d'argent, le corps entier de saint Piat et des inscriptions rappelant l'authenticité de la précieuse relique.

— 17 —

Les jardiniers de la confrérie de Saint-Fiacre. Ils portent sur un charmant brancard de fleurs la statue de leur patron.

La corporation des portefaix sous le patronage de saint Christophe. Ils portent une magnifique châsse renfermant les reliques de saint Taurin et de plusieurs autres saints dont les noms figurent sur des oriflammes aux quatre angles du reliquaire.

Les quinze Mystères du Rosaire représentés sur quinze labarum, de moire blanche pour les mystères joyeux, de moire violette pour les mystères douloureux, de moire rouge pour les mystères glorieux.

Ces labarum sont portés par une députation de demoiselles des pensions, avec ceinture, couronne et palme de même couleur que l'oriflamme.

Bannière de Notre-Dame de soubs-terre, style moyen-âge, représentant la Vierge des Druides telle qu'Elle était vénérée jusqu'en 1793 dans l'antique Chapelle du pélerinage de la Crypte. A sa suite, marchent les élèves de l'Institution Notre-Dame de Chartres, portant de larges oriflammes, toutes de couleurs différentes et ornées d'inscriptions qui rappellent les dates les plus mémorables et les plus glorieux souvenirs de l'histoire du Culte de la sainte Vierge à Chartres, savoir :

Autel et Statue érigés à Chartres par les Druides, à la Vierge qui devait enfanter.
Priscus, roi de Chartres, offre son royaume à la Vierge des Druides.
La grotte des Druides est transformée en église par saint Savinien et saint Potentien.
Donations à Notre-Dame faites ou confirmées par Pépin, Carloman et Charlemagne. 768, 771, 794.

Saint Vêtement de la Bonne-Vierge donné par Charles-le-Chauve à l'église de Notre-Dame, vers 876.

Le roi Eudes vient se mettre sous la protection de Notre-Dame. 889.

Le saint Vêtement de la Bonne-Vierge sauve la ville de Chartres de la fureur des Normands. 911.

Saint Fulbert, guéri par Notre-Dame, achève sa cathédrale. 1020.

Robert, Henri Ier, tous les Princes chrétiens de l'Europe font de riches offrandes à N.-D. 1020-1037.

Saint Gilduin, élu évêque de Dôle, passe les jours et les nuits devant la Sainte-Châsse de Notre-Dame. 1077.

Louis-le-Gros, désarmé par la piété des Chartrains envers Notre-Dame, épargne leur ville. 1118.

Henri, roi d'Angleterre, promet obéissance au pape Innocent II, dans l'église de Notre-Dame. 1131.

Saint Bernard prêche la 2e Croisade dans l'église de Notre-Dame. 1147.

Philippe-Auguste veut, par dévotion, passer sous la Châsse de Notre-Dame. 1209.

Richard Cœur-de-Lion porte la Châsse de Notre-Dame.

Saint Louis, bienfaiteur le plus généreux de la cathédrale de Chartres ; il assiste à la dédicace de cette église. 1260.

Philippe-le-Bel offre ses armes en trophée à Notre-Dame, après sa victoire de Mons-en-Puelle. 1304.

Charles-le-Bel fait deux pélerinages à Notre-Dame. 1304-1334.

Philippe-de-Valois vient remercier Notre-Dame après sa victoire de Cassel. 1328.

Edouard III, roi d'Angleterre, arrêté par le miracle de Brétigny, vient vénérer Notre-Dame, 1360.

Le roi Jean fait plusieurs pélerinages à Notre-Dame; il y laisse son bâton de pélerin. 1361.

Charles V fait, pieds nus, le pélerinage de N.-D. 1366-1367.

Le comte de Vendôme fait ériger une chapelle dans l'église de Notre-Dame. 1413.

Les anglais font de riches offrandes à Notre-Dame. 1418.

Louis XI fait plusieurs pélerinages à Notre-Dame. 1462-1467-1477-1379.

Pélerinage de Charles VIII à Notre-Dame. 1485.

Louis XII et Georges d'Amboise à Notre-Dame. 1502.

Anne de Bretagne vient plusieurs fois vénérer Notre-Dame. Elle donne une cloche. 1510.

François Ier fait ses dévotions à Notre-Dame. 1518.

Henri II vient remercier Notre-Dame du succès de ses armes. 1550.

La ville de Chartres, assiégée par les protestants, est miraculeusement délivrée. 1568.

Les habitants de Dreux et de 36 paroisses circonvoisines viennent en procession à Notre-Dame au nombre de 15,000. 1583.

Henri III fait 18 fois le pèlerinage à Notre-Dame.

Henri IV est sacré dans l'église Notre-Dame. 1594.

Louis XIII vient placer sous le patronage de Notre-Dame de Chartres sa personne et son royaume. 1611.

La ville d'Issoudun délivrée de la peste par Notre-Dame lui offre une croix de vermeil. 1630.

Anne d'Autriche vient souvent vénérer Notre-Dame ; elle en obtient un fils. 1639.

Louis XIV doit sa naissance à Notre-Dame ; il vient plusieurs fois lui rendre ses hommages. 1648-1682.

M. Olier consacre à Notre-Dame le séminaire de St-Sulpice. 1650.

Les Hurons et les Abnaquins offrent une ceinture à Notre-Dame de Chartres. 1678-1699.

La pieuse Marie Leczinska vient faire des offrandes à Notre-Dame de Chartres. 1732.

Le Dauphin, père de Louis XVI, vient en pèlerinage à Notre-Dame, avec la Dauphine. Mai 1756.

Société des jeunes Economes de Notre-Dame de Chartres, les plus jeunes portent des corbeilles et des fleurs. Elles suivent une fort jolie bannière représentant la Vierge Noire du Pilier, ornée de sa nouvelle Couronne avec l'inscription : *Nigra sum sed formosa*. Sur le revers figurent dans un écusson les armes de S. S. le Pape Pie IX avec la date XXXI Mai MDCCCLV.

Autour de cette bannière flottent quatre guidons portant

les quatre dates modernes les plus glorieuses pour la Vierge du Pilier :

1824, Monseigneur Clausel de Montals fait vœu de prier tous les samedis aux pieds de la Vierge Noire.

1849, Monseigneur Pie, Evêque de Poitiers, prend pour armes l'Image et les Attributs de Notre-Dame du Pilier.

1854, Monseigneur Regnault fait aux pieds de la colonne miraculeuse de Marie la consécration de son Diocèse et de sa personne à Notre-Dame de Chartres.

18 août 1854, Bref de S. S. le Pape Pie IX autorisant Monseigneur l'Evêque de Chartres à couronner en son nom la Vierge Noire du Pilier.

Grand Labarum de drap d'argent en l'honneur de l'Immaculée Conception avec la légende : *gloire, amour, louange à Marie conçue sans péché.* Tout autour, on lit : *Paris* 1830. *Médaille miraculeuse. Gaëte* 1849. *Encyclique. Rome 8 décembre* 1854. *Definition dogmatique. Chartres,* 31 *mai* 1855. *Promulgation des Lettres apostoliques.*

Ce labarum est escorté par un groupe de jeunes vierges vêtues de blanc et portant à la main des branches de lis, symbole de la pureté sans tache de Marie, comparée dans l'Ecriture au lis qui fleurit au milieu des épines. (*Sicut lilium inter spinas, sic amica mea inter filias.*)

Plus loin, un chœur de cantiques porte dans ses rangs les guidons des trois Vertus théologales avec les inscriptions : *O Marie conçue sans péché, je crois en vous, j'espère en vous, je vous aime.*

Elèves de l'Ecole normale. Ils sont précédés d'un grand labarum de drap d'or, sur lequel on lit : *Hommage de l'Ecole normale à Notre-Dame de Chartres.*

Châsse de saint Castin.

Grande bannière de la confrérie de Notre-Dame de Chartres, escortée de guidons indiquant la date de l'institution de cette confrérie et les différents brefs d'indulgences dont elle a été honorée. Les demoiselles qui la suivent portent alternativement des oriflammes bleues et blanches, sur lesquelles brillent en lettres d'or les invocations des litanies de la sainte Vierge.

(Pour être admises à former le cortège de cette bannière, les jeunes personnes doivent se faire inscrire sur le registre de la Confrérie et en adopter l'uniforme ; savoir : robe blanche, voile, couronne, ceinture de moire bleue et grand cœur d'argent suspendu à un large ruban de même étoffe et de même couleur que la ceinture, portant d'un côté, le chiffre de Marie et de l'autre l'inscription : *Soyez connu, aimé, honoré, imité.)*

Elèves du petit Séminaire. Ils portent dans une châsse ornée de fleurs les reliques de saint *Cheron*, leur patron, avec des oriflammes qui rappellent la date et les circonstances de son martyre.

Bannière et Association des Dames du St-Sacrement.

Conférence de saint Vincent-de-Paul de Chartres, accompagnée de députations des conférences des villes voisines. En tête des membres de cette œuvre figurent la bannière et les reliques de leur patron.

Novices de la communauté des sœurs de Saint-Paul de Chartres. Elles portent dans leurs rangs une riche croix de vermeil renfermant une parcelle de la vraie Croix.

Dames de Saint-Paul de Chartres.

Petites-Sœurs des pauvres.

Sœurs tourières des Carmélites et Visitandines de Chartres.

Sœurs de Bon-Secours.
Sœurs de Saint-Vincent-de-Paul.

QUATRIÈME SECTION.

Clergé du Diocèse, Chapitre et cortège d'honneur de Notre-Dame de Chartres.

Musique des chasseurs. — Deux escadrons de ce beau régiment de chasseurs forment l'escorte.

Suisse, croix, acolyte.
Enfants de chœur des Paroisses.
Maîtrise de la Cathédrale.
Elèves des Séminaires en surplis.
Prêtres en rochet et prêtres en chape et en étole.
Chœur de 50 chanteurs, précédé de la bannière de sainte Cécile.

SAINTE CHASSE DE NOTRE-DAME DE CHARTRES.

Elle renferme le précieux vêtement de la bienheureuse Vierge, donné à l'église de N.-D. par l'empereur Charles-le-Chauve. Elle est portée par huit prêtres en dalmatique.

A quelques pas derrière, et en groupe, les Pères de la Miséricorde en rochet, avec croix de missionnaire. — Les pères Maristes.

Curés de canton et chanoines honoraires du Diocèse, en chapes.

STATUE MIRACULEUSE DE NOTRE-DAME DE CHARTRES.

Elle est portée sur un brancard richement orné par huit prêtres en dalmatique d'or.

Devant elle, 24 jeunes clercs portant les uns des corbeilles de fleurs, les autres des cassolettes ou des encensoirs.

Derrière la sainte Image, Monseigneur l'Evêque de Chartres, entouré des chanoines titulaires de sa Cathédrale, et assisté de deux archidiacres.

Leurs Eminences les Cardinaux, Nosseigneurs les Evêques et Archevêques revêtus de leurs insignes.

Une escorte d'honneur fermera la marche.

Au retour de la Procession, toute la Cathédrale sera illuminée. Le R. P. Carboy adressera à l'assemblée une courte et vive allocution.

Aussitôt aura lieu le Salut solennel du St-Sacrement, puis après la bénédiction, le *Te Deum* pendant lequel toutes les cloches des paroisses et des communautés sonneront pendant un quart d'heure.

www.ingramcontent.com/pod-product-compliance
Lightning Source LLC
Chambersburg PA
CBHW070526050426
42451CB00013B/2870